新 HSK（三级）高分实战试卷 3

刘　云　主编

北京大学出版社
PEKING UNIVERSITY PRESS

图书在版编目(CIP)数据

新 HSK(三级)高分实战试卷 3 / 刘云主编. —北京:北京大学出版社,2012.6
(北大版新 HSK 应试辅导丛书)
ISBN 978-7-301-20716-1

Ⅰ.新… Ⅱ.刘… Ⅲ.汉语—对外汉语教学—水平考试—题解 Ⅳ.H195-44

中国版本图书馆 CIP 数据核字(2012)第 112670 号

书　　　名:新 HSK(三级)高分实战试卷 3
著作责任者:刘　云　主编
责 任 编 辑:贾鸿杰　欧慧英
标 准 书 号:ISBN 978-7-301-20716-1/H·3061
出 版 发 行:北京大学出版社
地　　　址:北京市海淀区成府路 205 号　100871
网　　　址:http://www.pup.cn
电 子 邮 箱:zpup@pup.pku.edu.cn
电　　　话:邮购部 62752015　发行部 62750672　编辑部 62752028
　　　　　　出版部 62754962
印　刷　者:三河市博文印刷厂
经　销　者:新华书店
　　　　　　787 毫米×1092 毫米　16 开本　1.75 印张　30 千字
　　　　　　2012 年 6 月第 1 版　2012 年 6 月第 1 次印刷
定　　　价:10.00 元

目　录

新汉语水平考试

HSK（三级）

注　　意

一、HSK（三级）分三部分：

1. 听力（40 题，约 35 分钟）

2. 阅读（30 题，30 分钟）

3. 书写（10 题，15 分钟）

二、听力结束后，有 5 分钟填写答题卡。

三、全部考试约 90 分钟（含考生填写个人信息时间 5 分钟）。

中国　北京　　　　ＸＸＸＸ/ＸＸＸＸＸＸ　编制

一、听　力

（听力内容请登录 http://www.pup.cn/dl/newsmore.cfm?sSnom=d203 下载）

第 一 部 分

第 1－5 题

A 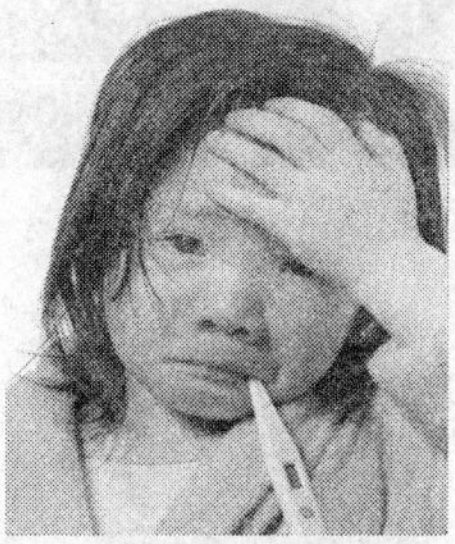

B 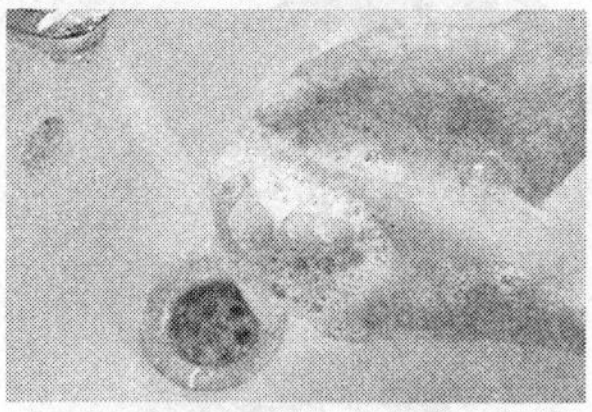

C 

D 

E 

F 

例如：男：喂，请问张经理在吗？

女：他正在开会，您半个小时以后再打，好吗？　[D]

1.　[ ]

2.　[ ]

3.　[ ]

4.　[ ]

5.　[ ]

第 6－10 题

A 

B 

C 

D 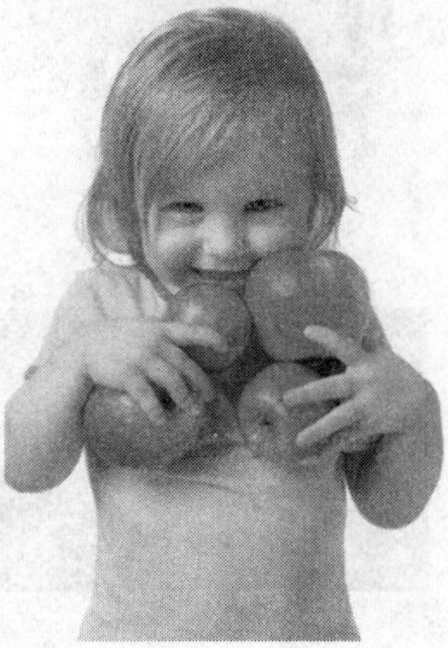

E 

6. □

7. □

8. □

9. □

10. □

第二部分

第 11－20 题

例如：为了让自己更健康，他每天都花一个小时去锻炼身体。

★ 他希望自己很健康。（ √ ）

今天我想早点儿回家。看了看手表，才 5 点。过了一会儿再看表，还是 5 点，我这才发现我的手表不走了。

★ 那块儿手表不是他的。（ × ）

11. ★ 她不喜欢这件衣服。（ ）

12. ★ 他的爸爸和妈妈在等火车。（ ）

13. ★ 她很担心小红。（ ）

14. ★ 春节的时候买东西很便宜。（ ）

15. ★ 这次表演出错了。（ ）

16. ★ 小静的房间不乱。（ ）

17. ★ 欢欢是一只小猫。（ ）

18. ★ 经理正在开会。（ ）

19. ★ 他正在新疆旅游。（ ）

20. ★ 他想坐公共汽车去吃饭。（ ）

第 三 部 分

第21－30题

例如：男：小王，帮我开一下门，好吗？谢谢！
女：没问题。您去超市了？买了这么多东西。
问：男的想让小王做什么？

A 开门 √ B 拿东西 C 去超市买东西

21. A 银行 B 超市 C 车站

22. A 床坏了 B 女的想买桌子 C 男的在找手表

23. A 是医生 B 没带伞 C 衣服穿得少

24. A 上课 B 打电话 C 买手机

25. A 想吃东西 B 会做蛋糕 C 想买冰箱

26. A 7点20 B 9点20 C 11点20

27. A 司机 B 医生 C 老师

28. A 看比赛 B 过生日 C 听音乐

29. A 男的是医生 B 男的需要休息 C 女的工作很累

30. A 旅游 B 找人 C 买地图

第四部分

第 31－40 题

例如：女：晚饭做好了，准备吃饭了。

男：等一会儿，比赛还有三分钟就结束了。

女：快点儿吧，一起吃，菜冷了就不好吃了。

男：你先吃，我马上就看完了。

问：男的在做什么？

A 洗澡　　B 吃饭　　C 看电视 √

31. A 没电了　　B 电视坏了　　C 要去商店

32. A 点菜　　B 做饭　　C 买花

33. A 唱歌　　B 学习　　C 看电视

34. A 想当医生　　B 想买衣服　　C 没参加运动会

35. A 想买字典　　B 要开书店　　C 没见过女的

36. A 师生　　B 母子　　C 同学

37. A 吃甜食　　B 做蛋糕　　C 看医生

38. A 手机　　B 手表　　C 手包

39. A 踢足球　　B 看奶奶　　C 去学校

40. A 女的吃了　　B 客人吃了　　C 送给邻居了

二、阅 读

第 一 部 分

第 41 - 45 题

A 那就换一个新的好了，做自己喜欢的事才最重要。

B 好吧，我下午去接你。

C 好啊，有时间我去图书馆借一本看看。

D 是啊，她一天要工作十几个小时。

E 当然。我们先坐公共汽车，然后换地铁。

F 怎么也得半个小时吧，离那儿还很远呢！

例如：你知道怎么去那儿吗？ （ E ）

41. 这本书很有意思，你有时间也看看吧。 （ ）

42. 我们还有多长时间才能到那家公司？ （ ）

43. 我发现这个工作不太好，你说我怎么办啊？ （ ）

44. 如果你不开车来接我的话，我就不去你们家了。 （ ）

45. 听说张阿姨因为工作太累，生病了。 （ ）

第 46 - 50 题

A 这里的夏天太热了,我们买台空调吧。

B 你借了刘静的钱,不要忘了还给她。

C 她很喜欢买东西,每次去旅游都会买很多东西回来。

D 欢迎您来我们公司参加这次会议。

E 朋友给了我两张足球赛的门票,星期六我们一起去看吧!

46. 是啊!她每次回来还会给我们带很多礼物呢! （ ）

47. 好啊,正好我这周六没事儿做呢。 （ ）

48. 等下周有了钱就去买! （ ）

49. 谢谢,我很高兴能有这个机会来贵公司学习。 （ ）

50. 知道了,我像是借钱不还的人吗? （ ）

第二部分

第 51－55 题

A 极　　B 奇怪　　C 黑板　　D 突然　　E 声音　　F 举行

例如：她说话的（ E ）多好听啊！

51. 同学们，请大家看（　　），今天我们要讲的是《荷塘月色》。

52. 这个地方真是漂亮（　　）了，我都不想回去了。

53. 你知道学校什么时候（　　）秋季运动会吗？

54. 今天早上起床后，我（　　）想起了那年夏天的事情。

55. 张乐这个人很（　　），每次吃完饭都要在桌子前坐十几分钟再离开。

第 56 - 60 题

A 小心　　B 终于　　C 注意　　D 爱好　　E 衬衫　　F 聪明

例如：A：你有什么（ D ）？
　　　B：我喜欢体育。

56. A：我想穿这件（　　）去上班，你觉得怎么样？
　　B：很好啊，没有比这件更好的了。

57. A：我还要上班，就不送你了，你回家的时候路上要（　　）安全。
　　B：知道了，你快去上班吧。

58. A：你怎么这么不（　　）呢？刚买的手机就坏了。
　　B：我也没办法啊，你以为我想让它坏了吗？

59. A：李飞真是一个（　　）的孩子，这么难的题都能做出来。
　　B：是啊，他每次考试都是我们班里的第一名呢。

60. A：花了三个月的时间，今天上午（　　）完成了这件事。
　　B：看你高兴的！走，我们一起去吃晚饭。

第三部分

第61－70题

例如：您是来参加今天会议的吗？您来早了一点儿，现在才8点半。您先进来坐吧。

★ 会议最可能几点开始？

A 8点　　B 8点半　　C 9点 √

61. 王娜，三年没见了，你怎么从一个小胖子变得这么瘦了？变化这么大，我都快认不出你来了。现在还是在以前的那家公司工作吗？

★ 根据这段话，王娜三年前：

A 有点儿胖　　B 还是学生　　C 开了公司

62. 这个电影是关于爱的，故事很一般，但是情很真，看的时候，我哭了好几次，我觉得大家可以去电影院看看。

★ 这部电影：

A 故事新　　B 很感人　　C 不好看

63. 刘建经常参加一些全国性的体育比赛，还得了很多奖。你如果有不懂的地方，可以去问问他。

★ 根据这段话，刘建：

A 学习不好　　B 不爱运动　　C 常参加比赛

64. 周末我都是在家里看看书，或者去找朋友看看电影。这个周末，小丽要我和她一起去爬山，锻炼身体。所以我们决定这周六上午8点在学校门口见面。

★ 他们这个周末要做什么？

A 看书　　B 爬山　　C 看电影

65. 根据这张地图你就能找到出去的路。不过，路上你要小心，因为有些路可能已经不能走了，你得从地图上找到其他的路才行。

★ 根据这段话，出去的路：

A 不好找　　B 没有了　　C 全不能走了

66. 阳阳，你的病刚好，不要喝冷水，快点儿回床上休息。今天中午你想吃什么？妈妈这就给你做去。

★ 根据这段话，可以知道阳阳：

A 要做饭　　B 病好了　　C 想睡觉

67. 小玲，这件衣服很好看，就像画的一样。谢谢你的礼物，我很喜欢。你什么时候从南京回来的？那边很热吗？你变黑了好多。

★ 小玲：

A 会画画　　B 变黑了　　C 是南京人

68. 为了找一个好工作，李刚都跑了好多家公司了，每次他都是高兴地去，难过地回来。

★ 李刚现在：

A 很高兴　　B 在找工作　　C 想开公司

69. 经过这次学习，我明白了一句简单的话，那就是：如果你对他人笑，他人也会对着你笑。所以我要让我身边的朋友都笑着走下去。

★ 这段话主要告诉我们，要：

A 经常笑　　B 多锻炼　　C 认真学习

70. 王娜，自从你当了经理之后，我们想见你一面都难了。我们下个星期结婚，希望你能来参加我们的婚礼。

★ 根据这段话，可以知道，王娜：

A 结婚了　　B 要出差　　C 是名经理

三、书　写

第一部分

第 71－75 题

例如：小船　　上　　一　　河　　条　　有

河上有一条小船。

71. 帮我　　去吗　　把　　行李箱　　这个　　你能　　搬到　　六楼

72. 一件　　结婚　　事情　　简单的　　不是

73. 让我　　这个　　明白了　　故事　　很多

74. 卖蛋糕的　　附近　　学校　　没有　　地方

75. 东西　　冰箱　　里的　　吃完了　　都

第 二 部 分

第 76 - 80 题

例如：没（ guān 关 ）系，别难过，高兴点儿。

76. 他不喜欢喝这种（ guǒ ）汁，你给他一杯水吧。

77. 这件事总会有（ bàn ）法解决的，你不用担心。

78. 张老师（ xū ）要休息，这几天先由我来给大家上课。

79. 妈妈，你看这只小（ niǎo ）多好看，我们把它带回家吧。

80. 这位（ sī ）机开车的水平很高，你就放心地坐吧。

听力材料

（音乐，30 秒，渐弱）

大家好！欢迎参加 HSK（三级）考试。
大家好！欢迎参加 HSK（三级）考试。
大家好！欢迎参加 HSK（三级）考试。

HSK（三级）听力考试分四部分，共 40 题。
请大家注意，听力考试现在开始。

第一部分

一共 10 个题，每题听两次。

例如：男：喂，请问张经理在吗？
女：他正在开会，您半个小时以后再打，好吗？

现在开始第 1 到 5 题：

1. 女：儿子，你还没写完作业吗？
男：没有呢，有一道数学题不会做。

2. 女：女儿发烧了，她说头很疼，怎么办啊？
男：什么怎么办啊，快点儿去医院啊！

3. 男：两位好，这是我们饭馆儿的菜单！
女：谢谢，你能为我们介绍一下这里有什么好吃的菜吗？

4. 女：请问介绍中国历史的书在哪儿？
女：在左边，字典旁边。

5. 男：王曼，饭做好了，快来吃吧。
女：知道了，我在洗手，这就来。

现在开始第 6 到 10 题：

6．男：你现在还在家吗？

女：没有，我已经到机场了，还有一个小时就要上飞机了。

7．男：这是我送给你的生日礼物，喜欢吗？

女：我很喜欢，谢谢你记得我的生日！

8．男：女儿，你拿这么多苹果要做什么呀？

女：我要拿给爷爷奶奶吃！

9．男：妈妈，冰箱里没鸡蛋了，我们今天下午去商店买几斤吧。

女：好啊，我们还要买几个杯子回来。

10．女：喂，您好，这里是中华公司，请问您找谁？

男：不好意思，我打错了。

第二部分

一共 10 个题，每题听两次。

例如：为了让自己更健康，他每天都花一个小时去锻炼身体。

★ 他希望自己很健康。

今天我想早点儿回家。看了看手表，才 5 点。过了一会儿再看表，还是 5 点，我这才发现我的手表不走了。

★ 那块儿手表不是他的。

现在开始第 11 题：

11．这件衣服已经过时了，再便宜我也不会买的，我看我们还是到那个店看看其他的衣服吧。

★ 她不喜欢这件衣服。

12. 我的爸爸和妈妈是在火车上认识的，当时爸爸要到上海开会，妈妈要去上海看她奶奶，爸爸帮妈妈把重重的行李箱搬上火车，然后他们就认识了。

★ 他的爸爸和妈妈在等火车。

13. 我给小红打电话，怎么总是打不通呢？不会发生什么事了吧？她一个女孩儿自己在外面住，我很担心她的安全。

★ 她很担心小红。

14. 每年过春节的时候，很多商店都会做活动，大到电脑、冰箱，小到书本、水果。所以大家在这个时候买的东西都很便宜。

★ 春节的时候买东西很便宜。

15. 我越是害怕，就越容易出错。这次表演对我来说很重要，我可不能出什么错。我从上个月就开始准备了，表演一定不会出错的。

★ 这次表演出错了。

16. 小静的房间很漂亮，也很干净，桌子上还有很多好看的花，一进她的房间就能看出她是一个很爱干净的女孩儿。

★ 小静的房间不乱。

17. 昨天上午，动物园的欢欢生了一只小熊猫，在园里工作的人都非常高兴，现在都在办公室里为它起名字呢！

★ 欢欢是一只小猫。

18. 先生您好，我们张经理现在正在开会。要不您在休息室坐一会儿，等张经理开完会再和您谈怎么样？

★ 经理正在开会。

19. 如果你想去新疆旅游的话，最好坐飞机去，坐火车太累了，而且从这儿到新疆坐火车需要 52 个小时，到了那儿你就只想休息，不想出去玩儿了。

★ 他正在新疆旅游。

20. 现在是下班时间，公共汽车上的人太多了。我看我们还是骑自行车去吃饭吧，这样还能快一点儿。

★ 他想坐公共汽车去吃饭。

第三部分

一共 10 个题，每题听两次。

例如：男：小王，帮我开一下门，好吗？谢谢！

女：没问题。您去超市了？买了这么多东西。

问：男的想让小王做什么？

现在开始第 21 题：

21. 男：我想去一下银行，你先在超市等我一下。

女：我还是到车站那里等你吧。

问：男的想要去哪儿？

22. 男：你看见我的手表了吗？

女：桌子上没有的话，就在床这边。

问：根据对话，可以知道什么？

23. 男：感冒了怎么还穿这么少啊？快回去再穿件衣服。

女：没事儿，今天又不冷，我们走吧。

问：关于女的，可以知道什么？

24. 女：喂，你好，请问张老师在办公室吗？

男：他不在，你有急事的话可以打他的手机。

问：他们正在做什么？

25. 男：我好饿啊，家里还有什么吃的吗？

女：冰箱里还有块儿蛋糕，你吃了吧。

问：关于男的，可以知道什么？

26. 女:你打算几点走啊?现在都 9 点 20 了。

男:急什么,离飞机起飞还有两个小时呢,过一会儿我们再走。

问:飞机几点起飞?

27. 男:张姐,你给大家唱个歌吧!听学生们说你唱歌很好听。

女:你不要拿我开玩笑了,我又不是教音乐的。还是让小刘唱吧。

问:女的可能是做什么的?

28. 男:这是今晚篮球比赛的票,你和我一起去看吧。

女:但是我今晚要和爸爸一起为妈妈过生日,我们明天一起去看电影吧。

问:男的希望女的今晚做什么?

29. 男:医生,我病得重吗?需要住院吗?

女:不用,你只是工作太累了,好好儿休息休息就好了。

问:根据对话,可以知道什么?

30. 女:我们都不认识路,看来我们需要买一张地图。

男:我同意你的说法,一会儿我们就去商店买一张。

问:他们想要做什么?

第四部分

一共 10 个题,每题听两次。

例如:女:晚饭做好了,准备吃饭了。

男:等一会儿,比赛还有三分钟就结束了。

女:快点儿吧,一起吃,菜冷了就不好吃了。

男:你先吃,我马上就看完了。

问:男的在做什么?

现在开始第 31 题:

31. 男:你怎么没看电视?电视坏了吗?

女:不是,没电了。

男:那我带你出去走走吧。
女:好啊,我想去商店买东西。
问:女的为什么没有看电视?

32. 男:今天我请你吃饭,你点菜吧。
女:我也不知道什么菜好吃,还是你点吧。
男:客气什么,你想吃什么就点什么。
女:那我们先点一个菜怎么样?
问:他们正在做什么?

33. 男:小李,大家都想听你唱歌。
女:算了吧,我唱得不好。
男:我们又不是专业歌手,就为了高兴高兴,唱一首吧!
女:那好吧,我唱一首《军港之夜》吧。
问:男的希望女的做什么?

34. 女:你现在应该在参加运动会呀?怎么会在家里呢?
男:我这两天感冒了,医生要我在家休息休息。
女:这几天很冷,你要多注意身体。
男:我知道了,谢谢你的关心。
问:关于男的,可以知道什么?

35. 女:你去新华书店买到那本字典了吗?
男:我昨天下午去买的时候已经卖完了。
女:那你先用我的吧。
男:好的,书店的人说,今天下午就有新的字典了,我下午再过去看一下。
问:关于男的,可以知道什么?

36. 男:阿姨,小兰今天怎么没去上课啊?
女:她一大早就去上学了呀,才回来一小会儿。
男:啊?可她没去上课呀,这是王老师让我给她带回来的作业。
女:什么?我一定要好好儿问问她!小鹏,谢谢你啊。

问:男的和小兰是什么关系?

37. 女:爸爸,我想吃蛋糕,你明天下班的时候买一个回家吧!
男:可是医生说你最近不能吃甜的东西,还是等过一段时间再吃吧。
女:那要过多长时间我才能吃啊? 我明天就想吃。
男:爸爸明天去医院问过医生再告诉你好不好?
问:女的想要做什么?

38. 男:时间快到了,你快点儿!
女:我的手表找不到了,你帮我找找。
男:是不是放在床旁边的桌子上了?
女:没有啊,应该是在洗手间里。
问:女的在找什么?

39. 女:你昨天去做什么了,怎么没有来奶奶家吃饭啊?
男:我和同学一起去踢足球了,今天下午再去看奶奶。
女:那我和你一起去吧,正好我还有东西要给奶奶。
男:好啊,下午两点我来接你。
问:男的今天下午要做什么?

40. 女:冰箱里的水果怎么这么快就没了?
男:上午儿子的同学来家里玩儿,我让他们吃了。
女:那我晚上再去商店买一点儿,你想吃什么呀?
男:你买什么我就吃什么。
问:冰箱里的水果为什么没了?

听力考试现在结束。

答 案

一、听 力

第一部分

1. E	2. A	3. F	4. C	5. B
6. B	7. E	8. D	9. A	10. C

第二部分

11. √	12. ×	13. √	14. √	15. ×
16. √	17. ×	18. √	19. ×	20. ×

第三部分

21. A	22. C	23. C	24. B	25. A
26. C	27. C	28. A	29. B	30. C

第四部分

31. A	32. A	33. A	34. C	35. A
36. C	37. A	38. B	39. B	40. B

二、阅 读

第一部分

41. C	42. F	43. A	44. B	45. D
46. C	47. E	48. A	49. D	50. B

第二部分

51. C	52. A	53. F	54. D	55. B
56. E	57. C	58. A	59. F	60. B

第三部分

61. A	62. B	63. C	64. B	65. A
66. B	67. B	68. B	69. A	70. C

三、书 写

第一部分

71. 你能帮我把这个行李箱搬到六楼去吗？
72. 结婚不是一件简单的事情。
73. 这个故事让我明白了很多。
74. 学校附近没有卖蛋糕的地方。
75. 冰箱里的东西都吃完了。

第二部分

76. 果
77. 办
78. 需
79. 鸟
80. 司